Markus Ramisch

Im fünfundzwanzigsten Jahr

Markus Ramisch

Im fünfundzwanzigsten Jahr

Predigten aus der Zeit

Fromm Verlag

Impressum / Imprint

Bibliografische Information der Deutschen Nationalbibliothek: Die Deutsche Nationalbibliothek verzeichnet diese Publikation in der Deutschen Nationalbibliografie; detaillierte bibliografische Daten sind im Internet über http://dnb.d-nb.de abrufbar.
Alle in diesem Buch genannten Marken und Produktnamen unterliegen warenzeichen-, marken- oder patentrechtlichem Schutz bzw. sind Warenzeichen oder eingetragene Warenzeichen der jeweiligen Inhaber. Die Wiedergabe von Marken, Produktnamen, Gebrauchsnamen, Handelsnamen, Warenbezeichnungen u.s.w. in diesem Werk berechtigt auch ohne besondere Kennzeichnung nicht zu der Annahme, dass solche Namen im Sinne der Warenzeichen- und Markenschutzgesetzgebung als frei zu betrachten wären und daher von jedermann benutzt werden dürften.

Bibliographic information published by the Deutsche Nationalbibliothek: The Deutsche Nationalbibliothek lists this publication in the Deutsche Nationalbibliografie; detailed bibliographic data are available in the Internet at http://dnb.d-nb.de.
Any brand names and product names mentioned in this book are subject to trademark, brand or patent protection and are trademarks or registered trademarks of their respective holders. The use of brand names, product names, common names, trade names, product descriptions etc. even without a particular marking in this work is in no way to be construed to mean that such names may be regarded as unrestricted in respect of trademark and brand protection legislation and could thus be used by anyone.

Coverbild / Cover image: www.ingimage.com

Verlag / Publisher:
Fromm Verlag
ist ein Imprint der / is a trademark of
OmniScriptum GmbH & Co. KG
Heinrich-Böcking-Str. 6-8, 66121 Saarbrücken, Deutschland / Germany
Email: info@frommverlag.de

Herstellung: siehe letzte Seite /
Printed at: see last page
ISBN: 978-3-8416-0619-8

Copyright © 2015 OmniScriptum GmbH & Co. KG
Alle Rechte vorbehalten. / All rights reserved. Saarbrücken 2015

„Im fünfundzwanzigsten Jahr -
Predigten aus der Zeit"

Inhaltsverzeichnis:

I. Predigten zum Lesejahr B

II. Predigten vor Soldatinnen und Soldaten

I. Predigten zum Lesejahr B

30.11.2014
Gehalten in Mariae Himmelfahrt, Emsdorf
1. Adventssonntag/B
Thema: wach sein/Zeit schenken
Texte:
1. Lesung: Jes 63, 16b-17.19b;64, 3-7
2. Lesung   1 Kor 1, 3-9
Evangelium: Mk 13, 33-37
Lektionar: BII, 3ff

Alle Zeit der Welt!?

Ich habe doch alle Zeit der Welt!

Liebe Schwestern und Brüder des Herrn,

es sind besonders junge Menschen, die mit diesen Worten gerne ein schwieriges

Problem, etwa ein klärendes Gespräch mit dem Partner oder der Partnerin,

dem Freund oder der Freundin, vor sich herschieben.

In jungen Jahren mag diese Vorstellung subjektiv auch so erscheinen.

Oft vergessen wir aber, dass es auch ein zu spät geben kann.

Das gilt nicht nur für die Extremsituation,

den plötzlichen Todes eines lieben Menschen,

dem ich eigentlich noch so vieles sagen hätte wollen.

Zeit kann auch einfach ablaufen, kann vertan werden.

Liebe Gemeinde,

vor etwa vier Jahren konnte ich eine solche Situation miterleben:

Soldaten aus einem meiner früheren Standorte mussten innerhalb einer Woche in den

Kosovo verlegen, da dort Unruhen ausgebrochen waren.

Auch wenn diese Einheit für den Ernstfall eingeplant war,

so hatte doch kaum jemand damit gerechnet.

Über Monate hindurch war die Lage im Kosovo ruhig und stabil.

Manchen Soldaten hat es da „kalt" erwischt.

Im Vorfeld der Auslandseinsätze, vor allem Kosovo oder Afghanistan,

habe ich immer versucht die jungen Frauen und Männer auf diese besondere

Situation aufmerksam zu machen.

Eine Trennung von vier Monaten und mehr ist nicht zu unterschätzen.

Was da nicht mit den nächsten Angehörigen vorher gesagt oder geklärt wurde,

bleibt ungesagt.

Und nicht jede Sorge lässt am Mobiltelefon aus der Welt schaffen.

Dazu kommt:

Die Probleme zuhause sind nicht die Sorgen der Soldaten:

Sie leisten auf dem Balkan oder am Hindukusch einen ganz anderen Dienst,

als in der heimischen Kaserne.

Der äußere Druck, die latente Gefahr für Leib und Leben,

spielen da eine wesentliche Rolle.

Die Alltagssorgen der Daheimgebliebenen bewegen sich dagegen in einem ganz

anderen Radius.

Liebe Schwestern und Brüder des Herrn,

mit dem heutigen Sonntag beginnt wieder die Adventszeit.

Aus dem Lateinischen abgeleitet, bedeutet Advent „Ankunft" oder das „Eintreffen

des Herrn".

Es ist die traditionelle Zeit der Vorbereitung auf das Weihnachtsfest, an dem wir

Christen in aller Welt die Geburt Jesu Christi als Erlöser feiern.

Mit den Erzählungen des österreichischen Schriftstellers Heinrich Waggerl und

zahlreichen Heimatfilmen,

verbinden wir mit der Adventszeit eine nicht wirklich real gewesene romantische

Idylle:

Bilder von schneeverwehten Bergdörfern, bastelnden Kindern und Vätern;

sowie Frauen, die allerlei Gebäck für Weihnachten vorbereiten,

passen einfach besser in unsere sehnsuchtsvolle Vorstellung von der Adventszeit, als

die Realität.

die Realität ist freilich ganz anders:

Langsamkeit und Besinnlichkeit scheinen in unserer modernen Welt keinen Platz zu haben.

Auch in der Adventszeit gibt es keine Pause.

Oft setzen wir uns selber unter Druck:

„Ich muss noch schnell ein Geschenk für die Eltern besorgen!"

„Habe ich denn schon etwas für die Kinder gekauft?"

Auch hier gilt: Etwas weniger ist manchmal mehr:

Am letzten Adventswochenende mit meinen Soldatenfamilien haben die Eltern mit ihren Kinder ein Krippenspiel eingeübt und verschiedenes gemeinsam gebastelt.

Das brauchte Zeit und kostete Mühe.

Ist nicht gerade Zeit ein Geschenk, das jeder dem Partner oder der Partnerin, den Kindern oder Freunden in den vorweihnachtlichen Tagen schenken kann?

Liebe Schwestern und Brüder des Herrn,

die Abende sind jetzt länger.

Sie müssen nicht durch die x-te Wiederholung im Fernsehen „totgeschlagen" werden.

Gesellschaftsspiele oder Gespräche gilt es neu zu entdecken.

„Seid immer bereit! — denn ihr wisst nicht, wann der Zeitpunkt da ist.."[1],

hören wir im Evangelium des ersten Adventssonntag.

Jesus mahnt uns wachsam zu sein und Lebenszeit nicht zu vergeuden.

Es kann auch ein zu spät geben!

Widmen wir die Zeit die wir zur Verfügung haben den wichtigen Dingen des Lebens, schenken wir sie den Menschen die uns wertvoll sind.

Sprechen sie mit ihren Partner, ihrer Partnerin, ihren Familienangehörigen, Freunden oder auch Arbeitskollegen.

Es kann sonst ein zu spät geben.

Liebe Gemeinde,

geben wir einander und uns selbst die dringend nötige Zeit anzukommen, dann

---

[1] Mk 13, 33

werden wir in gut vier Wochen Weihnachten richtig feiern können.

Amen.

07.12.2014

Gehalten in Mariae Himmelfahrt, Emsdorf

2. Adventssonntag/B

Thema:		warten/vorbereiten

Texte:

1. Lesung:		Jes 40, 1-5.9-11

2. Lesung		2 Petr 3, 8-14

Evangelium:		Mk 1, 1-8

Lektionar:		BII, 10ff

Wie lange noch?

Liebe Schwestern und Brüder des Herrn,

„wie lange noch?

Wann ist endlich Weihnachten?"

Besonders jüngere Kinder stellen in diesen adventlichen Tagen sehr oft diese Frage.

Kleine Rituale oder Symbole können helfen, die Wartezeit bis zum Fest der Geburt

des Herrn zu verkürzen:

Adventskalender oder der Adventskranz gehören zu den beliebtesten unter ihnen.

Zuhause habe ich eine Adventstreppe mit vierundzwanzig Stufen, Kerzen und einer

kleinen Krippe ganz oben.

Liebe Gemeinde,

„wie lange noch?

Wann ist endlich Weihnachten?

Vor 175 Jahren stellten die Kinder eines Waisenhauses in Hamburg ihrem Heimleiter

genau diese Frage.

Der evangelische Theologe Johann Hinrich Wichern wollte seinen Schützlingen die

Wartezeit auf Weihnachten verkürzen und bastelte den ersten Adventskranz:

Er besorgte sich ein großes, hölzernes Kutschenrad, befestigte achtundzwanzig

Kerzen darauf und ließ es im Waisenhaus aufhängen:

Vierundzwanzig kleine rote und vier dicke weiße Kerzen waren auf den

Adventskranz gesteckt.

Die vier weißen Kerzen verdeutlichten die Sonntage und die roten Kerzen die

Werktage.

Jeden Abend durfte eines der Kinder eine weitere Kerze anzünden.

Am Sonntag vor Heiligabend brannten dann fast alle Kerzen, so dass der Raum in

hellem Licht erstrahlte.

Zwanzig Jahre später ließ Wichern den Adventskranz mit grünen Tannzweigen

schmücken.

Das ist auch ein Zeichen der Hoffnung, das auf den tieferen Sinn von Weihnachten

hindeutet.

Liebe Schwestern und Brüder des Herrn,

die Idee des Adventskranzes hat sich durchgesetzt.

Natürlich beschränken wir uns heute zumeist auf die vier roten Kerzen.

Das hat in erster Linie praktische Gründe.

Kaum jemand hat so viel Platz, dass er sich zuhause ein Wagenrad aufstellen könnte.

Die Idee bleibt.

Der Adventskranz ist und bleibt ein wichtiges Symbol auf dem Weg nach

Weihnachten.

Liebe Gemeinde,

„wie lange noch?

Wann ist endlich Weihnachten?"

In der ersten Lesung vom zweiten Adventssonntag hören wir prophetische Worte:

„Es erschallt der die Stimme eines Rufenden:

Räumt in der Steppe den Weg Jahwes frei!

Ebnet in der Wüste eine Straße für unseren Gott!

Jedes Tal soll sich erhöhen und jeder Berg und Hügel einsinken.

Dann wird das Zerklüftete zu einer Ebene werden und der steile Pass zu einem weiten Tal."[2]

Im Evangelium ist die Rede von Johannes dem Täufer, der für sich und andere diese Prophetie verwirklicht hat, in dem er Jesus angekündigt hat:

„Nach mir kommt einer, der stärker ist, als ich.

Ich bin es nicht wert, mich zu bücken und ihm die Riemen seiner Sandalen zu binden"[3]

Liebe Gemeinde,

„wie lange noch?

Wann ist endlich Weihnachten?"

Kleine Rituale oder Symbole, aber auch adventliche Menschen, können uns helfen, den Weg für die Ankunft Gottes in unserem Herzen zu bereiten.

Darum geht es letztlich an Weihnachten und im Advent.

Adventskranz und Weihnachtsbaum, die Kerzen und die feierliche Zeit sind letztlich nur Mittel zu Zweck.

Das schmälert nicht den Wert dieser Rituale und Symbole.

Es kommt aber darauf an, in meinem Herzen Gott ankommen zu lassen!

Liebe Schwestern und Brüder des Herrn,

„wie lange noch?

Wann ist endlich Weihnachten?"

Kleine Rituale oder Symbole,

aber auch adventliche Menschen,

können uns helfen den Weg für die Ankunft Gottes in unserem Herzen zu bereiten.

Wer jetzt schon einmal einen Blick auf das Kind in der Krippe wirft, dem wird wieder bewusst werden:

Ich kann Gott nur auf dem Weg der Demut einen Platz in meinem Herzen bereiten.

Der Weg zur Geburtsgrotte des Herrn in Bethlehem ist nur durch eine sehr niedrige Tür, die Pforte der Demut, zu erreichen.

---

[2] Jes 40, 3f
[3] Mk 1, 7

Der Pilger oder Tourist muss sich also bücken, sich klein machen.

Papst Franziskus geht überzeugend und konsequent auch gegen Widerstände diesen Weg der Demut, sei es vor den Parlamentariern und Würdenträgern Europas oder auch im „Protzpalast" des türkischen Präsidenten Recep Tayyip Erdoğan.

Er empfiehlt diesen Weg aber auch den Bischöfen, Priestern und allen Getauften.

Man kann sicher über Einzelheiten geteilter Meinung sein, die Richtung stimmt aber:

Das gilt vor allem, weil der Weg der Demut auch der Weg Gottes zu uns ist.

„wie lange noch?

Wann ist endlich Weihnachten?"

Kleine Rituale oder Symbole, aber auch adventliche Menschen, können uns helfen, den Weg für die Ankunft Gottes in unserem Herzen zu bereiten.

Ich kann Gott nur auf dem Weg der Demut einen Platz in meinem Herzen einräumen.

Kann Gott auch in meinem Herzen ankommen?

Amen.

19.04.2015

Gehalten in Mariae Himmelfahrt, Emsdorf

3. Sonntag der Osterzeit/B

Thema: Glaube/Begegnung/Zeuge

Texte:

1. Lesung: Apg 3, 12a.13-15.17-19

2. Lesung   1 Joh 2, 1-5a

Evangelium: Lk 24, 35-48

Lektionar: IIB, 196ff

Gemeinschaft, Begegnung, Zeugnis

Liebe Schwestern und Brüder des Herrn,

im September jährt sich der letzte Deutschlandbesuch des damaligen Papstes

Benedikt XVI. zum vierten Mal:

Berlin, Erfurt, Etzelsbach und Freiburg waren die Stationen.

Vielleicht waren sie auch an einem dieser Orte.

Ich habe mit Soldaten meines damaligen Standortes eine Wallfahrt in den

Marienwallfahrtsort Etzelsbach im Eichsfeld unternommen.

Mit dem Bus konnten wir zunächst bis zu dem riesigen Parkplatz auf der

benachbarten Autobahn 38 fahren, die letzten Kilometer ging es zu Fuß weiter.

Es war beindruckend:

Sternenförmig kamen Tausende auf dem Pilgerfeld bei der Marienkapelle von

Etzelsbach zusammen, um mit dem deutschen Papst die Vesper zu feiern.

Es war schon eine einzigartige Stimmung:

Über neunzigtausend Pilger waren versammelt, die zum einen den Pontifex lautstark

feierten, zum anderen mit ihm beteten, sangen oder seiner geistlichen Betrachtung

über die Pieta von Etzelsbach lauschten.

Und dann konnte man in der riesigen Menge die sprichwörtliche „Nadel zu Boden

fallen" hören.

Einmal mehr konnte ich spüren:

Glaube lebt von Gemeinschaft,

Glaube lebt von Begegnung,

Glaube lebt aber auch vom Zeugnis!

Ich denke:

Die meisten Pilger nahmen diese Stimmung mit zurück in ihre Familien,

den Kameraden-, Kollegen- oder Freundeskreis, kurz in ihren Alltag.

Sie wurden durch die Begegnung mit tausenden anderen Pilgerinnen und Pilgern,

darunter dem Heiligen Vater, Zeugen des unter ihnen gegenwärtigen Auferstandenen.

Liebe Gemeinde,

Zeugen des österlichen Christus werden uns in den Wochen nach Ostern in den

Evangelien immer wieder vorgestellt:

Die Frauen am Grab gehören zu ihnen,

genauso wie Petrus, die Emmausjünger oder der „ungläubige Thomas".

Sie alle haben uns gegenüber freilich einen Vorteil:

Sie sind dem Herrn leibhaftig begegnet!

Auch wenn Christus in seinem Auferstehungsleib wohl anders als vorher ausgesehen

haben mag, so war er doch für die Frauen und Männer aus den Evangelien im

Wortsinn „greifbar".

Liebe Schwestern und Brüder des Herrn,

auch im heutigen Evangelium muss der Auferstandene seinem Freundeskreis fühlbar

beweisen, dass er kein Gespenst ist:

„Habt ihr etwas zu essen hier?"[4], so fragt Christus seine Jünger.

Und der Evangelist Lukas beschreibt daraufhin, wie der Auferstandene ein Stück

gebratenen Fisch zu sich nimmt.[5]

Auferstehung ist Begegnung, fühlbar und greifbar!

Auferstehung ist aber auch verstehen können:

---

[4] Lk 24, 41b
[5] Vgl. Lk 24, 42f

„Dann öffnete er ihren Sinn, die Schriften zu verstehen."[6]

Der Auferstandene macht aber noch mehr:

Er nimmt die seinen in die Pflicht und macht sie zu Zeugen der Auferstehung."[7]

Liebe Gemeinde,

Glaube lebt von Gemeinschaft,

Glaube lebt von Begegnung,

Glaube lebt aber auch vom Zeugnis!

Gerade unsere Zeit, die mehr vom schönen Schein, als vom wirklichen Sein lebt,

ist unser Zeugnis als Getaufte vom Auferstandenen nötig.

Sonntag für Sonntag kommen wir hier in der Kirche von Emsdorf zusammen.

Warum tun wir das?

Um gesehen zu werden?

Um andere zu sehen?

Natürlich auch deswegen sind wir hier!.

Der andere, der mit mir betet und singt,

ist auch Zeuge der Auferstehung, so wie ich es hoffentlich für ihn bin!

Und nicht zuletzt wird der auferstandene Christus für mich ganz persönlich greifbar

und fühlbar, in der Kommunion und in seinem Wort.

Liebe Schwestern und Brüder des Herrn,

nicht immer sind es die großen Wallfahrten oder Papstbesuche, die unseren Glauben

stärken können.

Auch die kleinste Gemeinschaft unter dem Kreuz vermag das zu bewirken.

Glaube lebt von Gemeinschaft,

Glaube lebt von Begegnung,

Glaube lebt aber auch vom Zeugnis!

Amen.

---

[6] Vgl. Lk 24 45
[7] Vgl. Lk 24, 48

25.05.2015

Gehalten in Mariae Himmelfahrt, Emsdorf und vor Soldaten in Schwarzenborn

Pfingstmontag

Thema: Geist/Ungeist/Verständnis/Versöhnung

Texte:

1. Lesung: Apg 8, 1bc.4.14-17

2. Lesung   Eph 1,3a.4a.13-19a

Evangelium: Lk 10, 21-24

Lektionar: BII, 237ff

Gottes Geist

Liebe Schwestern und Brüder des Herrn,

vor fast einundzwanzig Jahren konnte ich zum ersten Mal nach Israel reisen:

Heiliges Land oder „Fünftes Evangelium" sind nur zwei von vielen Namen für den

schmalen Landstrich zwischen Afrika und Asien.

Eigentlich könnte der Pilger oder Tourist ganz in den Zeugnissen der biblischen und

antiken Geschichte aufgehen:

Jeder Stein scheint in Israel seine Geschichte zu erzählen und vom Geist vergangener

Zeiten zu zeugen.

Liebe Gemeinde,

den Geist der antiken und der biblischen Vergangenheit zu spüren kann sicher sehr

reizvoll sein, zumal für einen Geistlichen, der vieles bisher nur aus dem Studium

kannte.

Mich haben bei meinen Reisen in fremde Länder immer auch die Menschen

interessiert.

Wie gehen sie miteinander um?

Wie begegnen sie Fremden und Gästen im eigenen Land?

Und zugegeben mit etwas Bangen habe ich mich im Vorfeld gefragt:

Wie sehen Juden heute Angehörige des Volkes, dass für millionenfachen Tod und unendliches Leid an ihnen verantwortlich zeichnet?

Liebe Schwestern und Brüder des Herrn,

meine Sorge war unbegründet:

Ich kann sagen:

In Israel sind mir die Menschen immer freundlich und aufgeschlossen begegnet.

Ein Beispiel:

Mein Begleiter und ich saßen im Hotel bei Tisch mit einem älteren Juden zusammen.

Es war Sabbat und die Tafel entsprechend festlich geschmückt.

Wir unterhielten uns über jüdische Gebräuche am Sabbat und versuchten auf

Englisch den Israeli in unser Gespräch mit einzubeziehen.

Nach dem feierlichen Abendessen stand er auf, bestellte uns noch ein Getränk und

bedankte sich in akzentfreiem Deutsch für die Tischgemeinschaft mit ihm.

Woher kannte er so gut Deutsch?

War er vielleicht in Deutschland aufgewachsen?

Hatte er möglicherweise sogar die nationalsozialistische Diktatur erleben müssen?

Vom Alter her könnte es stimmen.

Liebe Gemeinde,

an diese und viele ähnliche Begegnungen musste ich denken,

als ich dieser Tage durch die Medien an das fünfzigjährige Jubiläum der Aufnahme

der deutsch – israelischen Beziehungen erinnert wurde.

Es mutet schon fast wie ein pfingstliches Wunder an, dass diese Versöhnung „nur"

zwanzig Jahre nach der Shoah gelingen konnte.

Menschliche Begegnungen, wie ich sie vor einundzwanzig Jahren erlebt habe,

mögen ihren Anteil daran haben.

Ganz sicher ist es aber auch der Geist Gottes der dort wirkt,

wo Menschen sich ihm öffnen.

Er kann Verständnis und Verstehen auch über sprachliche und ethnische,

kulturelle und religiöse Grenzen hinweg bewirken.

Das ist für mich als Christ der Geist von Pfingsten:

„Als aber dieses Geräusch entstand," so lesen wir in der Apostelgeschichte,

„kam die Menge zusammen und war bestürzt, denn sie hörten sie jeder in der eigenen

Sprache sprechen.

Sie waren aber außer sich und wunderten sich und sagten:

Siehe! Sind nicht alle diese Sprechenden Galliläer?

Und wie hören wir, jeder in unserer eigenen Sprache, in der wir geboren wurden?"[8]

Liebe Schwestern und Brüder des Herrn,

Gottes Geist kann Versöhnung bewirken, dort wo Menschen sich ihm öffnen.

Er kann dort nichts erreichen, wo Menschen sich ihm verschließen.

Das Ergebnis ist oft genug unbeschreiblicher Hass,

leider auch in unserem Land:

Vor einigen Tagen habe ich in einem Radiobeitrag gehört,

der Antisemitismus sei in einigen deutschen Schule so groß,

das man es als Lehrkraft tunlichst verschweigen sollte, wenn man selber Jude ist.

Liebe Gemeinde,

„der Geist weht, wo er will. Der Ungeist aber auch.",

so habe ich es kürzlich in einem Forum gelesen.

Ich bin überzeugt davon, dass Gottes Geist dort weht,

wo Menschen sich um Verständnis und Verstehen auch über sprachliche und

ethnische, kulturelle und religiöse Grenzen hinweg bemühen, nicht nur im Nahen

Osten.

Das gilt auch und besonders für unser Land, wo Menschen Zuflucht suchen vor

Hunger, Terror oder Krieg.

Amen.

---

[8] Apg 2, 6-8

31.05.2015

Gehalten in Mariae Himmelfahrt, Emsdorf

H Dreifaltigkeitssonntag

Predigtskizze – Es gilt das gesprochene Wort!

Thema: Gottesbild/Dreifaltigkeit/Zeugnis

Texte:

1. Lesung: Dtn 4,32–34.39-40

2. Lesung   Röm 8,14–17

Evangelium: Mt 28,16–20

Lektionar: B II, 214ff

Einer ergänzt den anderen

Liebe Schwestern und Brüder des Herrn,

der 6. Mai ist im Vatikanstaat etwas ganz besonders:

In jedem Jahr werden da die neuen Rekruten der Schweizergarde vereidigt.

In diesem Jahr versprachen zweiunddreißig junge Männer, den Heiligen Vater

nötigenfalls unter Einsatz ihres eigenen Lebens zu beschützen.

Diese Verpflichtung ist nicht nur graue Theorie, sondern Realität,

angesichts vielfältiger Bedrohungen für das Leben des Kirchenoberhaupts in

Geschichte und Gegenwart.

Der 6. Mai 1527 ist auch in diesem Zusammenhang ein besonderes Datum,

weil bei der „Sacco di Roma",

der Plünderung Roms durch die Söldner Kaiser Karl V.,

fast alle Gardisten bei der Verteidigung des Papstes ihr Leben verloren hatten.

Deswegen ist der 6. Mai der Tag der Vereidigung:

Der Schwur, den die Gardisten auch heute noch leisten, ist aber nicht nur Tradition.

Er greift tiefer.

Er ist mehr als „nur" die Verpflichtung zum Schutz eines x-beliebigen Staatsmanns oder Wirtschaftslenkers.

Das wird schon in der Form des Eides deutlich:

Jeder einzelne Gardist tritt an die Truppenfahne heran, legt seine linke Hand an diese,

erhebt drei Finger der rechten zum Schwur und spricht die Eidesformel.

Liebe Gemeinde,

das ist ein klares Zeugnis zu unserem Gott,

den wir in drei Personen ehren und dessen Hochfest die Kirche eine Woche nach

Pfingsten begeht:

Gott Vater, Gott Sohn und Gott Heiliger Geist.

Im heutigen Evangelium wird das Zeugnis vom dreifaltigen Gott mit der

Verpflichtung der Getauften zur Weitergabe der frohen Botschaft verbunden:

„Es ist mir alle Macht gegeben worden im Himmel und auf der Erde.",

so hören wir den Herrn im heutigen Evangelium,

„Geht also: Macht zu Jüngern alle Völker, tauft sie im Namen des Vaters und des

Sohnes und des heiligen Geistes, und lehrt sie, alles zu beachten, was ich euch

geboten habe. Und sieh: Ich bin bei euch an allen Tagen bis zum Ende der Zeit."[9]

Liebe Schwestern und Brüder des Herrn,

diese Worte kennen wir aus der Taufe,

wenn der Geistliche Kinder oder auch Erwachsene tauft und damit in die Kirche

aufnimmt.

Hören wir diese Worte nur an oder verinnerlichen wir sie?

Sind sie für uns nur ein liebgewordenes Ritual oder sehen wir den Auftrag- ja den

Befehl - des Herrn als Christ zu leben?

Liebe Gemeinde,

natürlich fällt uns unterschiedlich schwer, anderen unseren Glauben nahe zu bringen.

Wer kann schon schlüssig das Geheimnis des dreifaltigen Gottes erklären.

Natürlich kann ich darüber gelehrte theologische Abhandlungen lesen und dennoch

nicht das Geheimnis Gottes begreifen.

Vielleicht hat davon die alte Frau, die jeden Tag stumm vor dem Tabernakel ausharrt,

---

[9] Mt 28, 18b-20

viel mehr begriffen, als der studierte Theologe, der von Gott nur theoretisch redet.

wir sollen zu den Menschen gehen und von Gott erzählen.

Diesen Auftrag nehme ich aus dem Evangelium vom Dreifaltigkeitssonntag mit.

Ich darf ihnen den einen Gott nahebringen,

den ich als Gottvater, als Schöpfer und Bewahrer kenne.

Ich kann ihnen vom Sohn, dem menschlichen und liebenden Gott erzählen.

Und nicht zuletzt ist es Gott Heiliger Geist, der auch heute noch Menschen begeistern kann.

Man könnte sagen:

Gott ist lebendige Beziehung.

Einer ergänzt den anderen.

es ist das persönliche Glaubenszeugnis und die kleinen Zeichen,

die mehr erreichen als gelehrte Worte:

Der Eid des Schweizergardisten,

die Taufe eines Neugeborenen,

das Bekreuzigen mit Weihwasser oder das Ausharren vor dem Tabernakel.

Amen.

14.06.2015

Gehalten in Maria Königin, Halsdorf

11. Sonntag im Jahreskreis/B

Thema: Wachsen/Reifen/Gaube/Zeugnis

Texte:

1. Lesung: Ez 17, 22-24

2. Lesung   2 Kor 5.6-10

Evangelium: Mk 4, 26-34

Lektionar: B II, 290ff

Ein langer Atem

Liebe Schwestern und Brüder des Herrn,

bei meinem Dienst in der Kaserne lerne ich die verschiedensten Menschen kennen.

Manche stehen mir als Christ und Pfarrer sehr offen gegenüber.

Bei vielen spielt der Glaube dagegen keine Rolle im täglichen Umgang miteinander.

Ganz wenige sind offen feindselig.

Wahrscheinlich könnten sie aus ihrem Alltag von ähnlichen Erfahrungen berichten.

So bunt ist das Leben, so verschieden sind die Menschen.

Liebe Gemeinde,

es gibt aber auch Situationen und Menschen, da ist alles anders:

Für mich gehören Begegnungen mit Suchenden dazu.

Nicht immer öffnen sie sich sofort,

manchmal habe ich auch erst viel später über Dritte erfahren,

dass ein scheinbar belangloses Gespräch einem von ihnen geholfen hatte.

Liebe Schwestern und Brüder des Herrn,

sind das Zeichen für das was Jesus im Sonntagsevangelium uns gleichnishaft sagen möchte?

„Womit können wir Gottes Königreich vergleichen, mit welchem Bild können wir es darstellen?",

so fragt der Herr und er gibt auch gleich die Antwort:

„Mit einem Senfkorn, das, wenn es in die Erde gesät wird, das kleinste aller
Samenkörner ist, die man in die Erde sät, doch wenn es gesät ist, geht es auf und wird
größer als alle Gartenpflanzen, und es treibt so große Zweige, dass in seinem
Schatten die Vögel des Himmels nisten können"[10]

Liebe Gemeinde,

zwei Gleichnisse sind es, die uns im heutigen Evangelium vorgestellt werden:

In beiden geht es um das „Reich Gottes",

um das Wirken Gottes am und im Menschen und in der Welt.

Beide Bildgeschichten legen mir ein ausgewogenes Verhältnis von eigenem Handeln
auf der einen und Gottvertrauen auf der anderen Seite vor.

Zum ersten:

Es braucht zunächst den Bauern,

der auf den Acker geht und den Samen aussät.[11]

Was bedeutet das für mich?

Hier hilft mir vielleicht die Erkenntnis:

Mein Leben und Handeln im Alltag,

so wie ich mit anderen umgehe, kann einen Anfang setzen.

Ein Gespräch oder eine Geste, mögen sie mir auch noch so unbedeutend erscheinen,

können fruchtbringend für Leben oder Glauben eines anderen werden.

Liebe Schwestern und Brüder des Herrn,

und dann ist da noch das Gottvertrauen,

welches der Herr mir in den Gleichnissen[12] von der selbstwachsenden Saat und dem
Senfkorn nahelegt.

Ein Beispiel:

Schon einige Monate und Gespräche ringe ich mit einem Soldaten aus meinem
Seelsorgebereich,

der in seinem katholischen Glauben keine Erfüllung mehr zu finden scheint.

---

[10] Vgl. Mk 4, 30ff
[11] Vgl Mk 4, 26ff
[12] Vgl. Mk 4, 26-34

Er möchte zu einer anderen Religion konvertieren.

Natürlich versuche ich in unseren Begegnungen und in intensiven Gesprächen ihm zu helfen, den richtigen Weg zu finden.

Leider scheint das kein „Spaziergang" zu werden und vielleicht wird mir das Ergebnis auch nicht gefallen.

Das ist so eine Situation, in der ich einen langen Atem brauche.

Gerade hier kann und darf ich das „Wachsen und Reifen" vertrauensvoll einem anderen überlassen.

Liebe Gemeinde,

da hilft nur noch Gottvertrauen!

Wie oft höre ich mich scheinbar gedankenverloren diesen Stoßseufzer „daherreden".

Und doch ist es nicht selten der einzige Weg.

Auch die alttestamentliche Lesung erzählt davon, wenn der Prophet Ezechiel das Bild von einer Baumspitze, die eingepflanzt Neues bewirkt, malt.[13]

Eine Baumspitze eignet sich eigentlich nicht als Setzling.

Das wäre in der Tat ein Wunder Gottes.

Liebe Schwestern und Brüder des Herrn,

„Gottes Mühlen mahlen langsam, aber trefflich fein.",

so hatte meine Mutter manchmal gesagt.

Gerade in jungen Jahren habe ich das nicht selten in Zweifel gezogen:

Ich will ein Ergebnis sehen!

Ich will selber etwas bewegen!

Es bedarf ein Stück Lebenserfahrung, um zu erkennen,

dass es Situationen im Leben gibt, in den denen man eben nicht alles und schon gar nicht sofort bewegen kann.

Dann braucht es Gottvertrauen.

Dann braucht es den sprichwörtlichen „langen Atem".

Manchmal erfahre ich erst später, dass eine Begegnung, ein scheinbar belangloses

---

[13] Vgl. Ez, 17, 21ff

Gespräch fruchtbringend für einen anderen gewesen war.

Amen.

21.06.2015

Gehalten in Mariae Himmelfahrt, Emsdorf

12. Sonntag im Jahreskreis/B

Thema: Wunder/Vertrauen/Glaube

Texte:

1. Lesung: Ijob 38,1.8–11

2. Lesung   2 Kor 5,14–17

Evangelium: Mk 4,35–41

Lektionar: BII, 293ff

Kopf hoch, es geht weiter!

Liebe Schwestern und Brüder des Herrn,

haben sie schon einmal das Gefühl gehabt,

dass ihnen der Boden unter den Füssen entgleitet?

Mir ist es einmal so ergangen:

Bei einer Überfahrt von Dänemark nach Norwegen zeigte sich die Nordsee von ihrer

stürmischen Seite:

Die Fähre rollte und schwankte in der See.

Die Toiletten schienen stärker frequentiert,

als das bei einer ruhigen Überfahrt der Fall wäre.

Es fiel mir schwer den „aufrechten Gang" beibehalten.

Meine Trittsicherheit schien der eines Betrunkenen zu gleichen.

Von einem Augenblick zum anderen entglitt mir der Boden unter den Füssen.

Liebe Gemeinde,

auch wenn bei meiner Überfahrt von Dänemark nach Norwegen wahrscheinlich keine

Gefahr für Leib und Leben bestanden hatte,

so konnte ich doch ein Gespür für die Gefährlichkeit der See entwickeln.

Nun ist das Meer sicher nicht mit einem Binnengewässer vergleichbar.

Die Nordsee ist anders als der See Genezareth, letzterer ist aber für sein plötzlich sich

verschlechterndes Wetter bekannt.

Das war den Jüngern Jesu als erfahrenen Fischern bekannt.

Bei ihren Ausfahrten auf dem auch „Meer von Galiläa" genannten See,

mussten sie immer mit plötzlich auftretenden Wetterumschwüngen rechnen.

Und doch geraten die Jünger in Panik:

„Da kam ein starker Sturmwind auf, und die Wogen schlugen so heftig in das Boot,

dass es sich immer mehr mit Wasser füllte."[14],

beschreibt er Evangelist die dramatischen Augenblicke auf dem See,

„Meister, kümmert es dich nicht, dass wir hier umkommen?"[15],

versuchen die Jünger in höchster Todesangst den schlafenden Herrn wachzurütteln.

„Warum lässt Gott das zu!?"

Wie oft haben Menschen mit diesem Verzweiflungsschrei versucht,

einen scheinbar schlafenden Gott zu wecken.

„Warum lässt Gott das zu!?"

Wieviel persönliches Leid steht nicht selten hinter einem solchen Weckruf?

Menschen, die hilflos am Bett eines todkranken Verwandten stehen.

Eltern, die ihr Kind verlieren:

Ich erinnere mich an eine Mutter,

der ich die Nachricht von ihrem in Afghanistan gefallenen Sohn überbringen musste:

„Warum lässt Gott das zu!?"

Unausgesprochen stand diese Frage in ihrem Gesicht geschrieben,

Mögen globale Kriege, Terror oder Katastrophen den Glauben der Mensch

erschüttern.

Es aber sind aber vor allem jene persönlichen Schicksalsschläge,

die den einzelnen an der Liebe und Gerechtigkeit Gottes verzweifeln lassen.

---

[14] Mk 4, 37
[15] Mk 4, 38b

„Warum lässt Gott das zu!?"

die Jünger versuchen in höchster Todesangst den schlafenden Herrn wachzurütteln.

Und wie reagiert der Herr:

„Warum habt ihr solche Angst?

Habt ihr noch keinen Glauben?"[16]

Die Frage ist berechtigt.

Sind die Jünger nicht dem Herrn nachgefolgt,

weil sie in ihm ihren Messias und Heiland gefunden haben?

Sie brauchen scheinbar das Außergewöhnliche.

Und der Herr bewirkt das Wunder, der See und der Wind beruhigen sich.[17]

„Warum lässt Gott das zu!?"

Liebe Schwestern und Brüder des Herrn,

fehlt es uns auch manchmal am Glauben?

Ich gestehe, dass ich die Frage des Herrn an seine Jünger lange nicht verstehen konnte.

Kann es Schlimmeres geben,

als durch persönliches Leid oder den Tod eines lieben Menschen erschüttert zu werden?

Die eigene Welt scheint einzustürzen.

Man sieht nur noch die dunklen Seiten des Lebens.

Und dann ist es die Freundin, der Freund oder ein anderer Mensch,

die einen aus dem Dunkel befreien und wieder lachen lassen.

Ich persönlich habe eine solche Erfahrung immer als ein Wunder Gottes empfunden.

Ich bin dankbar für diese Menschen in meinem Leben,

die im richtigen Augenblick an meiner Seite gestanden sind und gesagt haben:

„Kopf hoch, es geht weiter!"

---

[16] Mk 4, 40
[17] Vgl. Mk 4, 39

Liebe Gemeinde,

wenn einem buchstäblich der Boden unter den Füssen zu entgleiten droht,

dann brauchen wir einen starken Glauben und jemanden der sagt:

„Kopf hoch, es geht weiter!"

Amen.

28.06.2015

Gehalten in Maria Königin, Halsdorf

13. Sonntag im Jahreskreis/B

Thema: Vergebung/Verzeihung

Texte:

1. Lesung: Weish 1, 13-15;2, 23-24

2. Lesung   2 Kor 8, 7.9.13-15

Evangelium: Mk 5, 21-43

Lektionar: BII, 297ff

Vergebung schafft neues Leben!

Liebe Schwestern und Brüder des Herrn,

es schien zunächst nur ein weiterer von Hass gegen farbige Menschen geprägter

Anschlag zu sein,

als am Mittwoch[18] vor einer Woche Meldungen von der Ermordung von neun

Afroamerikanern in einer Kirche durch einen jungen Weißen die Runde machten.

Es würde wieder Rassenunruhen, mit Opfern auf beiden Seiten geben.

So vermutete man.

Doch das Gegenteil geschah:

Angehörige wurden zitiert, die von Vergebung und von ihrem Glauben an Jesus

Christus redeten.

Das hat mich sehr beindruckt!

---

[18] 17.06.2015, Charleston/USA

Da ermordet ein Jugendlicher von unsäglichem Hass getrieben und von ihm im Internet auch noch dokumentiert,

andere Menschen und Hinterbliebene vergeben ihm!

Woher kommt diese Größe?

Warum sinnen sie nicht stattdessen auf Rache oder Vergeltung?

Liebe Gemeinde,

wirkliche Vergebung schafft neues Leben!

Das hat Jesus Christus in Wort und Tat vorgelebt.

Mir fallen dabei die Worte des sterbenden Herrn am Kreuz ein:

„Vater, vergib ihnen, denn sie wissen nicht was sie tun.“[19]

Wirkliche Vergebung schafft neues Leben!

Gott will nicht unseren Tod!.“[20],

lesen wir in der Weisheitsliteratur des Alten Testamentes.

Gott will Leben in Fülle!

Und im heutigen Sonntagevangelium zeigt der Herr was das bedeutet:

„Talita, kum!“ - das heißt: „Mädchen, steh auf!“[21]

Christus heilt unmittelbare Not und Leid, indem er die Tochter des Synagogenvorstehers Jairus ins Leben zurückruft.

Liebe Schwestern und Brüder des Herrn,

Leid und Tod durch Krankheit, Katastrophen, Krieg und Terror,

bestimmen auch in unserer Zeit unmittelbar unser aller Leben.

Und nicht immer erfahren wir sofort die Hilfe, die der zwölfjährigen Tochter des Synagogenvorstehers geschenkt war.

Es braucht einen starken Glauben und einen langen Atem.

Liebe Gemeinde,

es gibt aber auch den von Menschen gemachten Tod im übertragenen Sinne.

Ich meine den Hass und den Ruf nach Vergeltung.

---

[19] Lk 23, 34
[20] Weish 1, 13
[21] Mk 5, 41

Mit Blick auf die Morde in der Kirche in den USA kann man sagen:

Nicht nur der reale Mörder mordet.

Jedes böse, jedes noch so kleine Wort, einem anderen gegenüber tötet!

Es nimmt die „Luft zum Atmen"!

Wirkliche Vergebung dagegen lässt tief durchatmen!

Liebe Schwestern und Brüder des Herrn,

Hass und der Ruf nach Vergeltung bringen Tod und Leid.

Wir haben es nicht selten selber in der Hand durch Vergebung neues Leben zu schaffen.

Die Angehörigen der Ermordeten in der Kirche von Charleston und ungezählte andere, zeigen das einmal mehr.

Das ist kein Verzichtet auf Wiedergutmachung.

Straftäter wie der Attentäter sollen und müssen eine angemessene Strafe erhalten.

Vergebung schafft neues Leben!

Liebe Gemeinde,

am vergangenen Montag hat unser Heiliger Vater Papst Franziskus in einer historischen Begegnung mit Nachfahren der einst verfolgten Waldenser um Vergebung für Verfolgung und Leid gebeten.

Das kann und muss auch im Kleinen, zwischen Verwandten, ehemaligen Freunden oder Nachbarn gewähren.

Die Bitte um Verzeihung und wirkliche Vergebung schaffen neues Leben!

Wie hat Jesus gesagt:

„Steh auf!"

Amen.

12.07.2015

Gehalten in Mariae Himmelfahrt, Emsdorf

15. Sonntag im Jahreskreis/B

Thema: Unbelastet/Urlaub/Ruhe/Aufbrechen

Texte:

1. Lesung: Am 7,12–15

2. Lesung   Eph 1,3–14

Evangelium: Mk 6,7–13

Lektionar: BII, 306ff

Unbelastet

Liebe Schwestern und Brüder des Herrn,

das Smartphone, das Mobiltelefon, ist aus unserem Leben nur noch schwer

fortzudenken:

Ich bin überall mobil zu erreichen und kann fast an jedem Ort Online gehen und mich

mit der Welt vernetzen.

Was zunächst wie ein Segen aussieht, kann aber auch schnell zum Fluch werden.

Spätestens dann, wenn erwartet wird, dass man für den Chef noch nach Dienst

erreichbar ist und Aufträge erfüllen soll.

Noch schlimmer ist es,

wenn sogar am Strand oder in den Bergen das Diensthandy klingelt.

All das baut Stress auf und fördert wohl auch das, was wir das „Burnout Syndrom"

nennen.

Es muss ein Recht auf Unerreichbarkeit geben, fordern nicht wenige.

Ich muss von Zeit zu Zeit den inneren und äußeren Ballast abwerfen können.

Sonst werde ich ungenießbar für andere.

Die Freizeit, der Urlaub oder auch ein Wüstentag sind wichtige Krücken auf dem

Weg zur inneren Ausgeglichenheit und letztlich zum Glauben.

das heutige Sonntagsevangelium erzählt aus biblischer Sicht, wie wichtig es ist,

unbelastet von innerem und äußeren Ballast,

eine Aufgabe zu übernehmen:

„Und nimmt man euch an einem Ort nicht auf und hört euch auch nicht zu, dann geht

von dort weg und schüttelt den Staub von euren Schuhsohlen ab, als Zeichen für

sie!"[22]

Es sind zunächst ganz praktische Handlungsanweisungen,

die der Herr seinen Jüngern mit auf den Weg gibt:

Geht zu zweit, nehmt nichts mit,

genießt die Gastfreundschaft der Menschen und schenkt ihnen dafür das was sie

suchen, innere und äußere Heilung.[23]

Und dann eben auch jener Hinweis,

wie man mit Missachtung oder sogar Ablehnung umgehen sollte:

Inneren und äußeren Ballast abwerfen ist aber gar nicht so einfach:

Bei meinen sechs Umzügen seit der Priesterweihe vor fünfundzwanzig Jahren,

habe ich gespürt, was mich alles materiell belastet.

Und wie sieht es mit dem innerem Ballast aus, den seelischen Wunden?

Jeder von uns trägt da sein eigenes Bündel mit sich herum.

Ich denke dabei an Menschen, die man bewusst oder unbewusst verletzt hat.

Unbelastet von inneren und äußeren Zwängen seinen Weg gehen?

Wenn das so einfach wäre.

manchmal steht man sich dabei auch selber im Weg:

Es ist ja auch gut zu wissen:

Ich werde gebraucht.

Ich bin unentbehrlich.

Und irgendwann kommt die große Leere, eben jenes „Ausgebrannt sein".

---

[22] Mk 6, 11
[23] Vgl. Mk 7, 7-13

Und dann stellen sich brennende Fragen:

Wann habe ich das letzte Mal Zeit für die Partnerin oder den Partner, für die Familie,

für Freundschaften gehabt?

Und wann hatte ich das letzte Mal Zeit für mich, für Stille und Einkehr?

Unbelastet von inneren und äußeren Zwängen seinen Weg gehen?

Liebe Gemeinde,

vor einigen Jahren habe ich einmal auf einer Urlaubsreise eine Übernachtung in einer

Oase wirklich genossen.

Die Unterkunft war einfach und irgendwann kurz vor Mitternacht wurde der Strom

abgeschaltet.

Das schloss den Verstärker für das Mobilnetz ein:

Man war einfach nicht mehr erreichbar!

Liebe Schwestern und Brüder des Herrn,

zugegeben: Das waren äußere Zwänge.

Ich bin aber der festen Überzeugung,

dass wir von dem Mann aus Galiläa, den wir als Jesus von Nazareth kennen,

heute noch viel lernen können:

Macht euch frei von inneren und äußeren Zwängen.

Genießt die Begegnungen mit den Menschen und gebt weiter, was euch geschenkt ist,

innere und äußere Heilung.

Brecht unbelastet auf!

Ob uns das im Urlaub gelingen wird?

Amen.

19.07.2015

Gehalten in Mariae Himmelfahrt, Emsdorf

16. Sonntag im Jahreskreis/B

Thema: Außenwirkung/Glaubenszeugnis/Gebet

Texte:

1. Lesung: Jer 23, 1-6

2. Lesung   Eph 2, 13-18

Evangelium: Mk 6, 30-34

Lektionar: BII, 310ff

An die Ränder gehen!

Liebe Schwestern und Brüder des Herrn,

zuhause hatten wir einen größeren Garten.

Da gab es eine einfache Hütte,

wo man auch übernachten konnte.

Eine Sitzecke und ein festgemauerter Rost vervollständigten das Idyll.

Ich denke gerne an diesen Garten zurück:

Manche Familienfeier fand dort statt.

In der ehemaligen DDR war der Garten,

die mehr oder weniger ausgebaute Hütte darin, eine reale Möglichkeit,

sich dem Anspruch des Staates und seiner Ideologie für wenige Stunden entziehen zu

können.

Viele nutzten diese Rückzugsmöglichkeit nicht nur am Feierband oder Wochenende,

sondern auch im Urlaub

Auch für die Kirche blieb weitestgehend nur der selbstgewählte Rückzug in die

Sakristei.

Ein Wirken in und mit der Gesellschaft war weder gewollt, noch erwünscht.

Gemeindeleben spielte sich ausschließlich in den Räumlichkeiten und auf dem

Gelände der Kirchen ab.

an diese Zusammenhänge musste ich bei der Auseinandersetzung mit dem heutigen Sonntagsevangelium denken:

Dabei ist mir besonders dieses Wort aufgefallen:

„Kommt doch ganz allein mit mir an einen abgelegenen Ort und ruht euch ein wenig aus!"[24],

Der Herr lädt seine Jünger nach ihrer Begegnung mit den Menschen und die vielen Glaubensgespräche zu einer Bootsfahrt in eine einsame Gegend ein.

Sie sollen das Erlebte verarbeiten können und aus der notwendigen Ruhe neue Kraft schöpfen können.

Es sollte aber anders kommen:

„Allerdings sahen die Leute, wie sie losfuhren, und viele erfuhren davon.

Zu Fuß liefen sie aus allen Städten zusammen und liefen voraus."[25],

beschreibt der Evangelist das Geschehen.

Liebe Gemeinde,

eigentlich eine komfortable Situation für die Glaubensweitergabe zur Zeit Jesu,

die Markus uns da schildert!

Wann rennen uns heute noch Suchende in Scharen die Türen ein?

Woran glaubst du?

Warum glaubst du?

Glaubst du an die Auferstehung?

Werden wir unsere lieben Verstorbenen einmal wiedersehen?

Ist dieses Leben nicht alles, was wir haben?

Stellen die Menschen von heute uns diese Fragen?

Liebe Schwestern und Brüder des Herrn,

ja, es gibt diese Suchenden, die unser Credo,

unser sonntägliches Glaubenszeugnis, im positiven Sinne hinterfragen.

Ich habe dabei Menschen wie den ungetauften Soldaten im Blick,

---

[24] Vgl. Mk 6, 31
[25] Mk 6, 33

der in seinem jungen Leben nie Kontakt mit Christen hatte und glaubt,

sich dafür auch noch entschuldigen zu müssen.

Ich meine den Mann mittleren Alters,

der zwar katholisch getauft,

dann aber durch mangelnde Praxis seinen Glauben vergessen und schließlich durch

intensive Gespräche wieder zu Gott gefunden hat.

Oder die ältere Frau, die darunter leidet und sich Vorwürfe macht,

dass ihre Kinder sich vom Glauben abgewandt haben.

„Was soll ich da machen, Herr Pfarrer?",

hat sie mich immer wieder gefragt.

Liebe Gemeinde,

Gott sei Dank:

Es gibt noch diese Suchenden, die unser Credo,

unser sonntägliches Glaubenszeugnis,

im positiven Sinne hinterfragen.

Es mögen keine Scharen sein.

Trotzdem provoziert ein im Alltag gelebter Glaube genau dieses Interesse.

Zum einem gelebten Glauben gehört das Interesse für den anderen und seine Welt.

Nein, ich muss nicht immer dessen Gewohnheiten oder gar seine Lebensweise
übernehmen.

Ich kann sie sogar ablehnen.

Aber der andere darf mir nicht egal sein:

Auch Jesus hat sich für die Menschen interessiert,

er griff ihre Hoffnungen und Sehnsüchte auf und gab ihnen Orientierung:

„Sie waren wie Schafe, die keinen Hirten haben."[26]

Liebe Schwestern und Brüder des Herrn,

können wir den Menschen unserer Zeit noch Hoffnung und Orientierung vermitteln?

Der Rückzug in die Sakristei,

---

[26] Vgl. Mk 6, 34

so wie es mancher sich wünscht ist kein Weg.

Papst Franziskus empfiehlt immer wieder „den Gang an die Ränder unserer Gesellschaften".

Aber was bedeutet das für mich als Glaubenden?

Zwei Dinge gehören dazu:

Erstens:

Ehrliches Interesse für den anderen und seine Welt!

Und zweitens:

Leben aus der Kraft der Stille und des Gebetes.

Ich zünde mir zu Hause gerne eine Kerze an

und versuche den lieben Gott die Führung übernehmen zu lassen.

Was willst du mir gerade jetzt sagen?

Meistens bleibt es bei dieser Stille.

Manchmal scheint aber so etwas wie eine Antwort durch.

Aus der Kraft der Stille und des Gebetes an die Ränder unserer Gesellschaft gehen.

Interesse für den anderen haben.

Die Suchenden nicht aus den Augen verlieren.

Das scheint mir der Weg für ein lebendiges Glaubenszeugnis in unserer Zeit.

Amen.

26.07.2015

Gehalten in Maria Königin, Halsdorf

17. Sonntag im Jahreskreis/B

Thema: Kirche/Glaube/Botschaft/Not/Halt

Texte:

1. Lesung: 2 Kön 4, 42-44

2. Lesung   Eph 4, 1-6

Evangelium: Joh 6, 1-15

Lektionar: BII, 314ff

Wozu brauche ich die Kirche noch?

Liebe Schwestern und Brüder des Herrn,

Statistiken können schrecklich ernüchternd sein und auch wehtun:

Eine solche Statistik ging in diesen Tagen durch die Medien:

Danach sind allein aus unserer katholischen Kirche im vergangenen Jahr **217.716**

Menschen ausgetreten.

Das sind so viele wie noch nie und gegenüber dem Vorjahr (2013: 178.805) eine

Steigerung um mehr als zwanzig Prozent.[27].

Das tut weh!

Da hilft auch nicht der Hinweis auf die evangelischen Kirchen,

die im letzten Jahr wohl noch mehr Mitglieder verloren haben.

Machen wir uns nichts vor:

Jeder Getaufte, den die Gemeinschaft der Glaubenden verliert,

verdunkelt das Zeugnis unseres christlichen Glaubens.

Was stimmt nicht mit der Kirche und dem christlichen Glauben?

Brauche ich die Kirche noch?

Was kann die Kirche mir geben,

---

[27] Quelle: Deutsche Bischofskonferenz

was ich nicht auch woanders bekommen kann?

So fragen sich heute immer mehr Menschen.

Liebe Gemeinde,

es gab im zurückliegenden Jahr in unserer Kirche keine Skandale und Bischof

Tebartz van Elst wurde nach Rom „weggelobt".

Die Zustimmungswerte unseres Papstes sind ungebrochen hoch.

Und doch gibt es diesen Exodus.

Liebe Schwestern und Brüder des Herrn,

was sind die Gründe dafür?

Und vor allem:

Was können wir tun?

Wahrscheinlich helfen keine noch so ausgeklügelte Pastoralpläne oder Milieustudien

in Hochglanzbroschüren.

Es hilft nur eine Rückbesinnung auf den Mann aus Galiläa und seine Botschaft.

Und da fällt mir auf:

Jesus hat zunächst gefragt:

Was brauchen die Menschen?

Was tut Not?

Das kann einmal ein aufbauendes und heilendes Wort sein.

Das muss aber auch immer wieder die Frage nach den alltäglichen Bedürfnissen sein.

Das heutige Evangelium deutet das an:

Die Menschen wollen hören und sehen,

aber sie müssen auch „satt" werden:

„Es folgte ihm nun aber eine große Menge, weil sie die Zeichen gesehen hatten, die

er an den Kranken getan hatte.. (…)

Es nahm nun die Brote Jesus und, nachdem er Dank gesagt hatte, teilte er an die

Tischgäste aus, ebenso auch von den Fischen (…)"[28]

Liebe Gemeinde,

in dieser Woche habe ich in einer Lokalzeitung eine ganzseitige Reportage über eine

---

[28] Vgl. Joh 6, 2.11

bürgerlich geschiedene Thüringer Katholikin gelesen:

In dem Beitrag kommt mehr als nur ein Kopfschütteln über die, wie der Autor

schreibt, „lebensfremde Familienmoral" der Kirche, zum Ausdruck.

Man muss sicher, soweit aus dieser Reportage hervorgeht,

den mit dem Ehenichtigkeitsverfahren beschäftigten Geistlichen zugutehalten, dass

sie alles für jene Frau versuchen.

Trotzdem habe ich den Eindruck,

dass unsere Kirche in der öffentlichen Wahrnehmung fast nur auf Verbote und

Gebote reduziert wird.

Das wir uns nicht falsch verstehen:

Beliebigkeit ist keine Antwort.

Gerade unsere Zeit braucht mehr denn je Orientierung.

Jedoch bedeutet mir mein Glaube und meine Kirche mehr als Verbote und Gebote.

Liebe Schwestern und Brüder des Herrn,

Jesus hat gefragt:

Was brauchen die Menschen?

Was tut Not?

Für mich ist mein Glaube zuerst Halt.

Das war in den Jahren der sozialistischen Ideologie und Diktatur so bleibt es auch

unter den Bedingungen einer freiheitlichen und demokratischen Grundordnung.

Was kann die Kirche mir geben,

was ich nicht auch woanders bekommen kann?

Vielleicht ist es dieser Halt, der Not tut.

Vielleicht brauchen die Menschen mehr Tiefe, als Oberflächlichkeit.

Können wir als Kirche,

kann ich als Getaufter das leben?

Amen.

23.08.2015

Gehalten in Mariae Himmelfahrt, Emsdorf

21. Sonntag im Jahreskreis/B

Thema: Orientierung/Lebensreise

Texte:

1. Lesung: Jos 24, 1-2a.15-17.18b

2. Lesung   Eph 5, 21-32

Evangelium: Joh 6, 60-69

Lektionar: BII,327

Welcher Weg ist der richtige?

Liebe Schwestern und Brüder des Herrn,

eine Wanderung durch die Natur,

wie sie jetzt in den Ferien und im Sommerurlaub viele unternehmen,

kann erholsam sein.

Sie kann aber auch die Sinne schärfen und helfen,

uns auf das Wesentliche im Leben wieder zu konzentrieren.

Zum anderen kann eine Wanderung auch deutlich machen,

wie wichtig ein Mensch an meiner Seite sein kann:

Vor Jahren war ich mit meinem Bruder auf einem Hochplateau in Schweden

wandern.

Der Weg war steinig, es war feucht und neblig.

Die Ausschilderung war nicht die Beste.

Und so kam es wie es kommen muss.

Auf dem Rückweg standen wir plötzlich an einer Weggabelung.

Gehen wir nach links oder nach rechts?

Jeder von uns beiden meinte Anhaltspunkte für den richtigen Weg zu erkennen:

Habe ich nicht diesen markanten Vorsprung oder jenen eigenartigen Baumstumpf auf

dem Hinweg gesehen?

Schließlich haben wir uns für den Weg meines Bruders entschieden und wir sind

ohne Umwege und wohlbehalten am Ausgangspunkt unserer Wanderung

angekommen.

Alleine wäre ich wahrscheinlich in die verkehrte Richtung gelaufen.

Liebe Gemeinde,

manchmal brauche ich im Leben jemanden, der mir sagt wo es lang geht,

der mir Orientierung schenkt:

„Herr, zu wem sollen wir gehen?", so hören wir im Sonntagsevangelium:

„Du hast Worte ewigen Lebens."[29]

Der Kreis um den Herrn hatte sich kurz vorher verkleinert.

Jesus war mit seinen Jüngern am Scheideweg angekommen und viele von ihnen

wollten andere Wege gehen:

„Hart ist dieses Wort,

wer kann es anhören?"[30]

Vorausgegangen waren Äußerungen, indem der Herr sein Fleisch und sein Blut als

Weg zum ewigen Leben anbietet [31].

„Kannibalismus!".

„Menschenverachtend!"

So würden die Schlagzeilen heute wohl lauten.

Und das nicht nur in den Boulevardmedien.

Das ist oberflächlich, weil von Unverständnis geleitet.

Petrus hat verstanden und will weiterverstehen:

„Du hast Worte ewigen Lebens."[32]

Das ist sein Weg und die Entscheidung der Jünger,

die den Weg des Herrn weiter teilen wollen.

---

[29] Joh 6, 68
[30] Joh 6, 60
[31] Vgl. Joh 6, 54
[32] Joh, 6, 68b

Glaube ruft zur Entscheidung heraus.

Ein sowohl als auch, kann es nicht geben.

Entweder gehe ich den Weg des Glaubens, und zwar mit allen auch berechtigten

Zweifeln, die mich und andere bewegen.

Oder ich muss einen anderen Weg gehen.

Das hat es zu allen Zeiten gegeben und wird es in Zukunft auch noch geben.

manchmal brauche ich im Leben jemanden, der mir sagt wo es lang geht,

der mir Orientierung schenkt.

Gehe ich nach links oder gehe ich rechts?

Gerade jüngere Menschen suchen nach Orientierung, nach den richtigen Wegen.

Oft genug wird diese Offenheit missbraucht,

von den falschen Menschen oder Medien.

Manchmal habe ich bei mir junge Soldaten sitzen,

die nach den richtigen Lebenswegen suchen.

Wie bewältige ich meine Partnerschaftskrise?

Ist mein Glaube der Richtige?

Wie gehe ich mit Ablehnung oder sogar Anfeindungen um?

In meiner Kindheit und Jugend konnten wir solche oder ähnliche Probleme mit den

Eltern besprechen.

eine Wanderung kann deutlich machen,

wie wichtig ein Mensch an meiner Seite sein kann.

Auf der Lebensreise ist ein solcher Mensch noch wichtiger.

Haben wir jemanden, der uns den Weg weist und Orientierung schenkt?

Amen.

30.08.2015

Gehalten in Mariae Himmelfahrt, Emsdorf

22.Sonntag im Jahreskreis/B

Thema: Segen/Gottes Welt

Texte:

1. Lesung: Dtn 4,1–2.6–8

2. Lesung   Jak 1,17–18.21b–22.27

Evangelium: Mk 7,1–8.14–15.21–23

Lektionar: BII, 333ff

Bleib behütet und beschützt!

Liebe Schwestern und Brüder des Herrn,

vor vielen Jahren war ich mit meinem Vater in seiner alten Heimat, dem damaligen

Sudetenland.

Er zeigte meinem Bruder und mir alle für ihn wichtigen Orte:

Das Elternhaus, die Schule, die Kirche, den Hausberg seines Dorfes,…

Auf einem abgeernteten Feld in der Nähe des Ortes wollte Vater mir und meinem

Bruder etwas „ganz besonders", wie er sagte, zeigen.

Von weitem sah es wie eine steinerne Unterstellmöglichkeit für vom Regen

überraschte Wanderer aus.

Beim Näherkommen zeigte sich das Gebäude als eine Kapelle.

Sie war nicht besonders groß.

Sie war notdürftig restauriert und mit einem Anstrich versehen worden.

Alle religiösen Symbole – Kruzifixe und Heiligenbilder - waren verschwunden.

Im Inneren, so erzählte uns der Vater,

habe auf einem kleinen Altar die Muttergottes gestanden.

Darunter habe sich eine Decke befunden, in die deutlich diese Worte gestickt waren:

„Solange du noch eine Mutter hast."

„Solange du noch eine Mutter hast."

Diese Worte geben mir bis heute noch zu denken.

Sie erinnern mich daran, was ich, da die Eltern nicht mehr leben, ihnen beiden zu verdanken habe.

Ich kann mir vorstellen, dass die meisten von ihnen ähnlich empfinden.

Wie viel Mühen und Sorgen haben die Eltern und ganz besonders unsere Mütter für ihre Kinder auf sich genommen.

Wie oft haben sie mitgezittert oder auch für uns eine Kerze anzündet, wenn in der Schule oder später an der Universität ein schwere Prüfung anstanden, wenn wir vor gewichtigen Entscheidungen standen.

Nicht selten haben unsere Eltern und besonders unsere Mütter nächtelang nicht schlafen können, wenn sie uns auf falschen Wegen sahen.

Und dann hat mir meine Mutter in der Kindheit und Jugend ein kleines Kreuz auf die Stirn gezeichnet.

Das sollte mir sagen:

Bleibe behütet und beschützt!

Es ist ein Segen, ein gutes Wort auf den Weg.

in einer guten Woche enden die Sommerferien:

Die Kinder und Jugendlichen kommen in eine neue Klasse, Schule, beginnen eine Ausbildung oder gehen zur Universität.

Andere kommen von der Kindertagesstätte in die Schule:

Bei aller Zuwendung durch die Eltern, werden es Wege sein, die die Heranwachsenden Schritt für Schritt immer mehr allein gehen sollen.

Dieser Wege sind nicht immer geradlinig und mühelos zu bewältigen.

Sie werden auch so manchen Stolpersteine bereithalten.

Gerade die Schulanfänger werden zum ersten Mal mit den Auswirkungen einer nicht selten ganz schön kaputten Welt konfrontiert.

Ein Beispiel:

Vor Jahren erzählte mir die Leiterin meines damaligen katholischen Kindergartens,

eine Ordensschwester, diese Begebenheit:

Zwei Wochen nach der Einschulung eines früheren Kindergartenkindes,

 habe dieses sie besucht und mit Stolz geschwollener Brust verkündet:

„Schwester, heute haben uns zum ersten Mal richtig geprügelt."

Liebe Gemeinde,

„Jede gute Gabe und jedes vollkommene Geschenk kommt von oben."[33],

so hörten wir in der Lesung aus dem Jakobusbrief.

Jeder Segen ist ein solches Geschenk von oben, das Gott uns gibt.

Wir müssen verantwortungsvoll mit dieser Gabe umgehen.

Wir sollten aber auch gewillt sein, den Segen im Sinne Gottes zu verstehen.

Im heutigen Sonntagsevangelium spricht der Herr über die Wurzeln des Bösen:

„Denn von innen, aus dem Herzen der Menschen, kommen die bösen Gedanken...

All dieses Böse kommt von innen heraus und macht den Menschen unrein"[34]

Jesus stellt mit dieser Aussage nicht nur die Reinheitsgebote des jüdischen Volkes in

Frage.

Er verweist auch auf eine wichtige Wahrheit:

Das Gute kommt von Gott, für das Böse sind wir meistens selber verantwortlich.

Liebe Schwestern und Brüder des Herrn,

machen sie ihre Kinder und Jugendlichen mit dem Guten und damit mit Gott vertraut,

indem sie sie segnen und damit Gutes zusprechen.

Zeichnen sie ihnen an den Wendepunkten des Lebens ein kleines Kreuz auf die Stirn

und sagen sie: Bleibe behütet und beschützt!

„Solange Du noch eine Mutter hast."

So stand es auf der Altardecke in der Kapelle beim Heimatort meines Vaters.

Besonders der Segen eines Vaters oder einer Mutter erinnert uns an die bleibende

Liebe Gottes.

Amen.

---

[33] Jak 1, 17
[34] Vgl. Mk 7, 21f

06.09.2015

Gehalten in Mariae Himmelfahrt, Emsdorf

23. Sonntag im Jahreskreis/B

Thema: Staunen/Erkennen/offen sein

Texte:

1. Lesung: Jes 35, 4-7a

2. Lesung   Jak 2, 1-3

Evangelium: Mk 7, 31-37

Lektionar: IIB, 237ff

Offen die Welt sehen und verändern

Liebe Schwestern und Brüder des Herrn,

können sie noch staunen?

Etwa wie ein kleines Kind, dass mit offenem Mund und weitaufgerissenen Augen

seine Welt kennenlernt?

Vor kurzem habe ich einen solchen Knirps erleben können:

Bei einer Show wurde die Arbeit von Hütehunden vorgestellt.

Der Kleine verfolgte mit deutlich sichtlichem Staunen,

wie die Schäferhunde immer hin und her rannten um die Herde zusammenzuhalten.

Liebe Gemeinde,

können wir noch ehrlich Staunen?

Oder betrachten wir die Welt und die Menschen um uns herum ausschließlich nach

vorgefertigten Schablonen?

Das Sonntagsevangelium stellt heute einen Menschen in den Mittelpunkt,

der nach seiner Begegnung mit Jesus die Welt und die Menschen um ihn herum mit

Staunen erleben konnte:

„Effata!, das heißt: Öffne dich!"[35], so gibt der Evangelist Markus die Worte des Herrn

wieder.

---

[35] Mk 7, 34

Und das Wunder geschieht:

„Sofort öffneten sich da seine Ohren; auch seine Zunge löste sich und er konnte

richtig sprechen."[36]

Liebe Schwestern und Brüder des Herrn,

können sie noch staunen?

Was konnte der Taubstumme aus dem Sonntagsevangelium alles staunend erleben?

Es bedarf keiner großen Fantasie sich das auszumalen:

Die Geräusche der Natur konnte er nun hören.

Etwa das ausgeprägte Zirpen der Grille.

Er konnte die Alltagsgeräusche in seinem Dorf hören.

Er konnte sich endlich richtig am Leben beteiligen,

weil er die anderen und diese ihn verstehen konnten.

Und nicht zuletzt konnte er seinem Staunen und seiner Freude laut Ausdruck

verleihen:

„Wie gut ist alles, was er (Jesus) gemacht hat!", riefen sie, „Er lässt sogar Taube

hören und die Stumme sprechen!"[37]

Das Evangelium erwähnt es nicht besonders.

Aber mit Sicherheit gehörte der geheilte Taubstumme zu denen,

die diese frohe Botschaft am lautesten hinausriefen.

Liebe Gemeinde,

können wir noch ehrlich Staunen?

Oder betrachten wir die Welt und die Menschen um uns herum ausschließlich nach

vorgefertigten Schablonen?

Manchmal bedarf es zum Staunen eines Anstoßes.

Jemand muss uns die Augen, die Ohren und den Mund öffnen.

Ich habe einmal einen Mann kennengelernt, der hat sich durch die Beziehung zu einer

Frau völlig verändert.

Zunächst lebte er zurückgezogen, schüchtern und unbeholfen, doch dann wurde

---

[36] Mk 7, 35

[37] Mk 7, 37b

selbstbewusst, witzig und er konnte plötzlich mitreden.

Die Liebe, das Angenommen sein durch einen anderen Menschen,

hatte ihn geöffnet.

Was konnte dieser Mann alles staunend erleben,

was alles bewirken oder gar verändern?

können wir noch staunen?

Oder betrachten wir die Welt und die Menschen um uns herum ausschließlich nach

vorgefertigten Schablonen?

Ja, ich weiß diese „vorgefertigten Schablonen" helfen mir manchmal in meiner

Hilfsbereitschaft nicht ausgenutzt zu werden.

Diese Beispiele kennen wir alle:

Wie viele „Bettelbriefe" um Spenden landen in meinem Briefkasten?

Wie viele Bettler sehe ich in größeren Städten?

Sie alle erwarten eine Gabe.

Gebe ich ihnen etwas?

Heißt es nicht, dass nicht selten organisierte Banden hinter Bettlern in unseren

Städten stehen?

Aber macht mich diese „vorgefertigte Schablone" namens „Die wollen mich nur

ausnützen" nicht auch blind und taub gegenüber wirklicher Not in meinem Umfeld?

Liebe Gemeinde,

können wir noch ehrlich Staunen?

Oder betrachten wir die Welt und die Menschen um uns herum ausschließlich nach

vorgefertigten Schablonen?

Im Taufritus vermittelt der Geistliche dem Täufling in Anlehnung an unseren

Taubstummen den Wunsch körperlich und geistlich zu wachsen,

um offen für die Welt zu sein und den Glauben im Alltag zu leben.[38]

Liebe Schwestern und Brüder des Herrn,

die Liebe eines Menschen kann einen Menschen öffnen und verändern.

---

[38] Die Feier der Kindertaufe, Freiburg 2007, Seite 66

Das Bewusstsein der Liebe Gottes kann ihm eine andere Sicht der Welt und der

Menschen um ihn herum schenken.

Bewahren wir uns das Staunen des kleinen Kindes,

die Welt und die Menschen nicht nur nach vorgefertigten Schablonen zu betrachten.

Der bewusst gelebte Glaube will uns helfen, dieses Staunen zu bewahren und dadurch

unsere Welt und die Mensch anders zu sehen und zu verändern.

Amen.

13.09.2015

Gehalten in Mariae Himmelfahrt, Emsdorf

24. Sonntag im Jahreskreis/B

Thema: Nachfolge/Kreuz

Texte:

1. Lesung: Jes 50, 5-9a

2. Lesung   Jak, 2, 14-18

Evangelium: Mk 8, 27-35

Lektionar: BII, 340

Der Schatten des Kreuzes

Liebe Schwestern und Brüder des Herrn,

manchmal klingelt bei mir in der Dienststelle oder auch privat das Telefon und es

meldet sich dann jemand von einer Firma,

der wissen möchte,

wie ich mit diesem oder jenem Arbeitsmaterial oder auch mit meinem

Mobilfunkvertrag zufrieden bin.

Damit endet das Ganze aber nicht.

Meinungsumfragen dieser Art verfolgen einen ganz bestimmten Zweck.

Sie ahnen es!?

Man will noch etwas an den Konsumenten bringen.

Genauso gehören die „Sonntagsfrage" und andere Meinungsumfragen inzwischen
zum festen Handwerkszeug in der Politik.

Es soll Politikerinnen und Politiker geben, die setzen sich,

sobald sie Gegenwind spüren, an die Spitze dieser Gegenbewegung.

Und das nur, weil die Meinungsumfragen es nahe legen.

Die eigene Grundüberzeugung spielt da scheinbar nur noch eine untergeordnete
Rolle.

„Für wen halten mich die Leute?"[39]

Liebe Gemeinde,

warum stellt Jesus diese Frage?

Möchte er mit dieser Meinungsumfrage in der Hinterhand auch nur sein „Mäntelchen
in den Wind hängen"?

Oder möchte er etwas anderes erreichen?

Ein Blick in das Sonntagsevangelium kann weiterhelfen.

Die Jünger geben bereitwillig die Meinung der Leute weiter:

„Sie halten dich für einen Propheten vom Schlage eines Elija oder eines Johannes des
Täufers[40]"

Und erst Petrus bringt es auf den Punkt:

„Du bist mehr als ein Prophet!"

Es ist schon faszinieren, wie klar Petrus Jesus als Christus, den „Gesalbten" erkennt
und sich auch zu ihm bekennt.

Doch dann läuft etwas aus dem Ruder:

Jesus beschimpft Petrus, nennt ihn sogar Satan.[41]

Liebe Schwestern und Brüder des Herrn,

muss der Herr Petrus wirklich derart abkanzeln?

Schließlich ist er mehr als nur ein Jünger und will für Jesus nur das Beste.

Er will die Notwendigkeit des Leidens und Sterben seines Meisters und Freundes

---

[39] Mk 8, 27b
[40] Vgl. Mk 8, 28
[41] Mk 8, 33b

nicht einsehen.[42]

Soweit so menschlich!

„Das kann nicht sein!“

Wie oft habe ich selber laut oder leise die Frage nach dem Kreuz in meinem Leben verdrängt.

Und wie oft habe ich Gott bittere Vorwürfe gemacht, wenn ich jemanden körperlich oder seelisch leiden gesehen habe.

Soweit so menschlich!

„Das kann nicht sein!“

Liebe Gemeinde,

doch Jesus möchte, das der Freund versteht und sich nicht falschen Illusionen hingibt:

„Wenn jemand mir nachfolgen will, dann muss er sich selbst verleugnen, sein Kreuz auf sich nehmen und mir nachfolgen!“[43]

Von diesem Meister fällt kein Glanz auf die, die ihm ehrlichen Herzens und Mühens nachfolgen.

Auf wirkliche Christen fällt nur der Schatten des Kreuzes.

Wie oft mussten und müssen Christen das so erfahren.

Und damit meine ich nicht nur Gewalt und Verfolgung gegen Christen.

Damit meine ich nicht nur die Schlächter des „Islamischen Staates“,

die Christen und anderen einfach den Kopf abschneiden.

Damit meine ich die Tatsache, dass ich auch als Getaufter, dem Leiden und Sterben hilflos und ohne schnelle Erklärung gegenüberstehe.

Liebe Schwestern und Brüder des Herrn,

„Für wen halten mich die Leute?“[44]

Diese Frage des Herrn an uns ist keine Meinungsumfrage moderner Art.

Sie fordert vielmehr unser Bekenntnis zum Gekreuzigten heraus.

Christsein bedeutet nicht sein „Mäntelchen in den Wind zu hängen“.

---

[42] Vgl. Mk 8, 31f
[43] Mk 8, 34
[44] Mk 8, 27b

Die veröffentlichte Meinung hat nicht immer Recht!

Getauft zu sein bedeutet den „Schatten des Kreuzes" zu akzeptieren,

auch um sich selber noch im Spiegel sehen zu können[45]

Amen.

---

[45] Vgl. Mk 8, 35

II. Predigten vor Soldatinnen und Soldaten

22.08.2001

Gehalten in St. Josef, Mühlhausen

Standortgottesdienst vor dem Gelöbnis

Thema: Dienst

Text: Mt 6, 24

Wem diene ich ?

Liebe Kameradinnen und Kameraden,

hat ihnen schon jemand einmal die Stiefel geputzt ?

Oder die Schuhe ?

Wahrscheinlich nicht.

Mir ist das einmal während einer Auslandsreise passiert.

Das ging so schnell, dass ich mich gar nicht dagegen wehren konnte.

Auf einmal waren meine Schuhe sauber und der Mann hielt seine Hand auf.

Er konnte zurecht für seine Dienstleistung einen Lohn verlangen.

Er hatte mir einen Dienst erwiesen.

Wir Deutsche haben damit unsere Probleme.

Wir knien nicht nieder und putzen anderer Leute Schuhe.

Wir würden das wahrscheinlich auch nicht von anderen verlangen.

Weitgereiste Kameraden können bestätigen:

In vielen Ländern ist es normal, sich damit seinen Lebensunterhalt zu unterhalten.

Schon auf dem Flughafen wird dieser Dienst angeboten. Bei uns wird man zur Zeit aber lange nach einer solchen oder ähnlichen Dienstleistung suchen. Dabei sind wir oder entwickeln uns zur Dienstleistungsgesellschaft:

Liebe Gemeinde,

Wehrdienstleistende, Berufs- und Zeitsoldaten erfüllen ihren Dienst genauso, wie Krankenschwestern und Pfleger, Pfarrer oder Lehrer.

Ich sage da sicherlich nichts Neues, wenn ich behaupte:

Der Dienst kann einen Menschen ganz in Anspruch nehmen, ihn so ausfüllen, das man selbst zu Hause noch nicht so richtig „abschalten" kann:

Ich habe einmal eine Krankenschwester gekannt, die war so von ihrem Dienst ausgefüllt, das ihre eheliche Beziehung nicht nur darunter gelitten hatte, sondern schließlich kaputtgegangen war.

jeder von uns sollte in einer „stillen Stunde" zum Nachdenken kommen:

Geht es mir um die Sache, dem Menschen oder gar Gott, dem ich diene ?

Oder ist es letztlich nur noch das Geld, die Karriereleiter oder das Ansehen, die michbestimmen ?

Eingangs haben wir ein Wort des Evangelisten Matthäus gehört:

„Niemandem ist es möglich, zwei Herren zu dienen.

Entweder hasst er den einen und liebt den anderen, oder er wird sich um dein einen kümmern und den anderen vernachlässigen. Ihr könnt nicht Gott dienen und dem Reichtum.."[46]

Jesus ruft uns zur Entscheidung auf und warnt zugleich:

Geld und Besitz können sehr nützliche Dinge seien,

aber es darf niemals soweit kommen, das diese einen bestimmen.

Es ist deshalb wichtig darüber nachzudenken:

Wer oder was bestimmt letztlich mein Leben ?

Wem räume ich die Kontrolle ein ?

Selbstverständlich – ich betone das nochmals – können wir alle in der Regel nicht ohne Geld und damit eine gewisse materielle Absicherung existieren.

Wir müssen das Geld beherrschen und nicht das Geld uns.

Ich habe einmal von Mann gelesen, der sein ganzes Geld in Aktien investiert hat.

Erst ging es gut, sie sind gestiegen.

Danach sind die Aktien sehr schnell ins bodenlose gefallen und der Mann hat sich das

---

[46] Mt 6, 24

Leben genommen.

Das Geld hat ihn so beherrscht, dass nach diesem finanziellen Verlust sein Leben nicht mehr lebenswert fand.

Wem diene ich ?

In der Sage des Heiligen Christophorus und dem Lebensbild des Heiligen Maximilian Kolbe, die ich ihnen vorgestellt habe, finden wir den Versuch zweier unterschiedlichster Antworten.

Und dahinter steht die Ermutigung für uns alle:

Finden wir unseren je eigenen Weg des Dienstes an den Mitmenschen!

Amen.

28.01.2014
Gehalten in St. Michael, Stadtallendorf
Amtseinführung Militärpfarrer Markus Ramisch

Thema:	Seelsorge/Glaubenszeugnis
Texte:	
Lesung:	2 Sam 6,12b-15.17-19
Evangelium:	Mk 3, 31-35
Lektionar:	V, 66

Wegbegleitung

Liebe Mitbrüder im geistlichen Dienst,

Liebe Kameradinnen und Kameraden,

Schwestern und Brüder des Herrn,

wer auf der Autobahn 4 von Hessen Richtung Thüringen unterwegs ist, quert an der Landesgrenze eine imposante, über 700 m lange Brücke.

Ein kurzer Blick des Autofahrers nach rechts oder links lässt nur einen flüchtigen Eindruck von der Landschaft gewinnen.

Nicht alle werden wissen, dass unten im Tal, in dem kleinen Ort Hörschel an der Mündung der Hörsel in die Werra, der Rennsteig beginnt.

Der „bekannteste Höhenweg Deutschlands" ist fast 170 km lang und führt über Eisenach, vorbei am Großen Inselsberg, über Oberhof und Neustadt, nach

Blankenstein.

vor fast sieben Jahren war ich mit meinem Bruder auf dem Rennsteig unterwegs.

Wir haben an sieben Tagen die Strecke erwandert.

Ich wurde damals gefragt:

Warum habt ihr das gemacht?

Das ist doch gar nicht cool!

Freilich ein Pauschalreisender mag das so empfinden.

Außer Landschaft, Wind und Wetter ist da tatsächlich nichts los.

Und abends ist der Wanderer froh, seine sein Ruhe zu haben.

Und trotzdem hat mir diese Wanderung etwas unschätzbares geschenkt:

Intensive Gespräche mit den Wandergefährten, aber auch die Möglichkeit, mit sich und Gott ins Reine zu kommen oder den eigenen Gedanken nachzuhängen.

Ein weiterer Gewinn schien mir in der Begegnung mit den unterschiedlichsten Weggefährten zu sein.

Da war der lebensfrohe Unternehmer aus dem Rheinland, der gerne tief blicken ließ, was seiner Ehefrau gar nicht so recht war.

Oder der nachdenkliche, pensionierte Soldat, der so manches in seinem Leben durchgemacht hatte.

diese Erlebnisse gingen mir durch den Kopf, als ich mich auf diesen Gottesdienst meiner Amtseinführung in Stadtallendorf vorbereitete.

Vor fast sieben Jahren hatte mich an meiner ersten hauptamtlichen Stelle im thüringischen Mühlhausen ein Journalist gefragt,

wo ich meine Hauptakzente in der Militärseelsorge setzen möchte:

Ich habe es damals mit dem Begriff „Wegbegleitung" versucht zu umschreiben.

Für viele mögen Events und Erlebnisse oder die Vermittlung von ethischer Bildung an erster Stelle stehen.

Natürlich ist das alles wichtig.

Das alles darf aber nicht um seiner selbst geschehen.

Es muss immer auch mit Blick auf die Soldaten oder Soldatinnen und ihre Angehörige, deren ganz irdischen Sorgen und Probleme, Sehnsüchte oder Hoffnungen, gesehen werden.

Das ist für mich Seelsorge im allgemeinen und Militärseelsorge im Besonderen.

Liebe Gemeinde,

eine lange Wanderung und Militärseelsorge haben eines gemein:

Man begegnet den unterschiedlichsten Menschen.

Die einen gehen scheinbar mit einer Leichtigkeit durchs Leben und wollen alles mitnehmen, andere suchen ernsthaft nach einem Lebensinhalt jenseits von Spaß und Konsum.

Wieder andere tragen eine für ihre Schultern viel zu große Last mit sich herum.

Sie alle sind mir in meinem Dienst als Militärseelsorger schon begegnet:

Der junge Lebemann und Offizier, der erst nach dem Scheitern von mehreren Beziehungen zum Nachdenken kommt.

Oder der Unteroffizier, der in einer glaubenslosen Familie aufgewachsen, sein Milieu überwindet und in der Begegnung mit Gott Antworten für sein Leben findet.

Zu ihnen gehört auch der junge Wehrpflichtige, der nach dem plötzlichen Unfalltot seiner Eltern Verantwortung für seine minderjährige Schwester übernehmen und früher erwachsen werden muss.

Liebe Schwestern und Brüder des Herrn,

zuhören, raten, ein gutes Wort sagen und mitgehen.

Das ist für mich Seelsorge.

Militärseelsorge hat noch einen besonderen Aspekt, der besonders mit dem Begriff „Wegbegleitung" umschrieben werden kann.

Soldatinnen und Soldaten werden sehr oft versetzt.

Und auch, wenn ich nach meinem Wechsel von Thüringen nach Hessen so manchen von ihnen wiedergetroffen habe.

Selten kann man als „Wegbegleiter" erfahren, ob ein Wort gefruchtet oder sich eine Situation zum guten gewandelt hat. Das ist einfach so. Ein Trost ist, das es nicht nur mir so geht.

für meine Zeit am Katholischen Militärpfarramt Stadtallendorf wird der Aspekt der „Wegbegleitung", der Seelsorge am einzelnen Menschen, wieder an erster Stelle stehen.

Für mich sind die Soldatinnen oder Soldaten und deren Angehörige mit ihren ganz irdischen Sorgen und Problemen, Sehnsüchten oder Hoffnungen, ausnahmslos „meine Gemeinde".

Jesus sagt im Markusevangelium:

„Jeder, der tut, was Gott gefällt, ist mir Bruder, Schwester und Mutter."[47]

Christus hat mit diesen Worten zunächst die Menschen in Galiläa im Blick, denen er auf seinen Wanderungen begegnete.

Diese Aussage gilt aber auch den Menschen im hier und heute, den Soldatinnen oder Soldaten und deren Angehörigen.

Als Militärseelsorger und Militärseelsorgerinnen dürfen wir, darf ich, Wegbegleiter sein und helfen den zu finden, den wir Vater im Himmel nennen.

Amen.

01.04.2015

Gehalten St. Michael, Stadtallendorf

Standortgottesdienst zur Karwoche

Thema: Leid/Tod/Trost

Evangelium: Mk 11, 15-19

Unser Maßstab, der Maßstab Gottes!?

„ich habe große Angst in ein Flugzeug zu steigen und in den Urlaub zu fliegen",

---

[47] Mk 3, 35

gestand mir in der zurückliegenden Woche eine gute Bekannte.

Wie ihr ging und geht es wohl auch vielen anderen Menschen nach dem wohl absichtlich herbeigeführten Absturz des „German Wings" Airbus in südfranzösischen Alpen.

Die Flugzeugkatastrophe vor einer guten Woche hat viele Menschen betroffen und einmal mehr bewusst gemacht:

Unser Leben, unsere Existenz, ist immer auch gefährdet!

Katastrophen dieser Art werfen die alte Frage auf:

Warum lässt Gott Leid und Tod zu?

Warum müssen 149 unschuldige Menschen sterben, weil einer – so die Vermutung – bewusst aus dem Leben scheiden wollte?

Liebe Gemeinde,

warum lässt ein liebender Gott Leid und Tod zu?

Das ist eine Frage die nicht nur Theologen immer wieder umtreibt.

Warum fährt Gott bei Ungerechtigkeiten nicht dazwischen, so wie das Jesus bei der sogenannten „Tempelreinigung" aus dem heutigen Evangelium [48] getan hat.

Warum ist der Maßstab Gottes offensichtlich ein anderer, als der der Menschen?

Ich kenne nicht wenige, deren persönlicher Glaube erschüttert wurde,

weil ein lieber Mensch tragisch aus dem Leben geschieden ist.

Viele Menschen sind daran auch innerlich zerbrochen.

Was bleibt also noch, wenn Vertrauen schwindet?

Liebe Kameradinnen und Kameraden,

Liebe Schwestern und Brüder des Herrn,

mit Blick auf Ostern, auf die traurigen Tage zwischen Palmsonntag und Karfreitag möchte ich einmal eine Deutung versuchen.

Wir wissen, Ostern erklärt sich vom Karfreitag her.

Kreuz und Tod ist der Preis für ewiges Leben und Erlösung.

Und doch.

Ich habe mich immer gefragt:

---

[48] Vgl. Mk 11, 15-19

Warum geht Gott diesen blutigen Weg der Erlösung?

Warum musste sein Sohn den Verbrechertod am Kreuz sterben?

Natürlich hätte ein allmächtiger Gott uns auch gleichsam per Dekret erlösen können.

Keine Frage.

Wer hätte ihm aber diesen „bürokratischen Schachzug" ernsthaft abgenommen?

So hat Gott in seinem geliebten Sohn, das Niedere und Schmutzige, das Leid und den

Tod dieser Welt, mit uns geteilt.

Liebe Gemeinde,

warum lässt ein liebender Gott Leid und Tod zu?

Der Versuch einer schlüssigen Erklärung wird wahrscheinlich immer zu kurz greifen.

Am Karfreitag, in der Todesstunde des Herrn, werden in den katholischen Kirchen

die am fünften Fastensonntag verhüllten Kreuze wieder enthüllt.

Wir können wieder den mit uns leidenden Gott anschauen.

Wenn wir auf den Gekreuzigten in unserer Wohnstube oder der Kirche schauen,

blickt der Herr tröstend uns in die Augen und scheint zu sagen:

Hab nur Mut, so wie ich es überwunden habe, so wirst auch du diesen dunklen Weg

zum Licht gehen können.

Die Frucht des Kreuzes ist der Trost, durch einen liebenden und mitleidenden Gott.

Die Frucht des Kreuzes muss aber auch immer der gegenseitige Trost sein.

Niemand kann das unermessliche Leid und den Schmerz, auch der Angehörigen der

Flugzeugkatastrophe aus der der letzten Woche, ungeschehen machen.

Wir können aber trösten und mittragen.

Wer selber einmal in den schlimmen Stunden der Trauer den Trost anderer Menschen

erfahren durfte, wird rückblickend sagen können:

Das hat mir gut getan!

Liebe Kameradinnen und Kameraden,

Liebe Schwestern und Brüder des Herrn,

warum lässt Gott Leid und Tod zu?

Warum mussten 149 unschuldige Menschen vor einer Woche sterben?

Ich kann und will diese Frage nicht letztgültig beantworten.

Eines weiß ich aber:

Gott ist mit mir in den hellen Tagen meines Leben und er lässt mich auch an den dunklen nicht allein.

Machen wir diesen Maßstab Gott zu unserem persönlichen, da wo unser Trost und Beistand gefragt ist.

Bücken wir uns und begeben wir uns auf die Ebene derer, die durch persönliches Leid niedergedrückt sind.

Richten wir sie wieder auf!

Das ist die Botschaft dieser Heiligen Woche und zugleich der Anspruch von Ostern.

Amen.

11.05.2015

Gehalten in der evangelischen Stadtkirche, Stadtallendorf

Standortgottesdienst vor Christi Himmelfahrt

Thema: Mutter/Vater/Beziehungen

Texte:

Lesung: Eph 4, 1-6

Einer von Milliarden – Einer für Milliarden

Liebe Kameradinnen und Kameraden;

Liebe Schwestern und Brüder des Herrn,

in wenigen Tagen feiern wir wieder das Fest Christi Himmelfahrt.

Eine interessante Notiz habe ich dazu gefunden:

Laut Statistischen Bundesamt steigt die Anzahl der Verkehrsunfälle an diesem Tag auf das Dreifache des Durchschnitts der übrigen Tage und erreicht damit seinen Jahreshöhepunkt.

Der Grund sind die zahlreichen Vater- oder Herrentagspartien mit Boller- oder Kremserwagen und meist viel Alkohol:

Einen ganz anderen Akzent setzt schon seit fast sechzig Jahren mein Heimatbistum Erfurt.

Dort kommen an Christi Himmelfahrt am kleinen Marienwallfahrtsort Klüschen Hagis im Eichsfeld tausende Gläubige zusammen.

Zumeist sind es Männer, die schon in den frühen Morgenstunden aufbrechen, um rechtzeitig zum gemeinsamen Wallfahrtsgottesdienst mit dem Bischof und tausenden Gläubigen da zu sein.

Liebe Gemeinde,

gerade im atheistischen Umfeld der ehemaligen DDR haben sich einige verwundert die Augen gerieben:

Warum machen die das, wo doch der Glaube erwiesenermaßen unwissenschaftlich ist?

Paulus erinnert im Epheserbrief [49] erinnert an unsere gemeinsame christliche Berufung, die in der Taufe wurzelt.

Deswegen versammeln sich Christen zum sonntäglichen Gottesdienst und zur Wallfahrt.

Gerade in der ehemaligen DDR war eine solche Wallfahrt nicht nur ein eindrucksvolles Glaubenszeugnis, sie stärkte auch den Glauben und die Beziehungen der einzelnen Christen untereinander.

Liebe Kameradinnen und Kameraden;

Liebe Schwestern und Brüder des Herrn,

den Glauben und die Beziehungen stärken.

Manch lebensälterer Kamerad hat schon bedauert, dass es immer weniger Möglichkeiten für gelebte Kameradschaft gäbe.

Die meisten wollen nach Dienst oder am Wochenende verständlicherweise zur Familie.

Zwei Dinge erscheinen mir in diesem Zusammenhang wichtig:

Zum einen: Unsre monatlichen Standortgottesdienste sind ein wichtiges Zeichen der Ökumene und der Kameradschaft in der Kaserne.

Sie können für den Einzelnen eine nicht zu unterschätzende Stärkung und Vernetzung im Glauben bedeuten.

---

[49] Vgl. Eph 4,4ff

Und zweitens:

Für viele bedeuten Partnerschaft und Familie Quelle und Rückhalt ihres Dienstes.

Gerade aus diesem Netzwerk der Beziehung beziehen auch viele Soldatinnen und

Soldaten ihre Kraft, besonders unter den nicht einfachen Bedingungen des

Auslandseinsatzes.

Liebe Gemeinde,

gestern haben viele – hoffentlich – ihre Mütter gewürdigt.

Der Muttertag ist und bleibt immens wichtig:

Die moderne Frau von heute, lebt den Spagat zwischen Beruf auf der einen und

Familie und Muttersein auf der anderen Seite.

Ich habe meine eigene Mutter immer dafür bewundert, wie sie das alles bewältigt

hatte.

Und mir ist eines klar geworden:

Das funktioniert nur, wenn man sowohl in Beruf als auch in Familie und Glauben

„dicht am Geschehen" bleibt, also Beziehung lebt.

Liebe Kameradinnen und Kameraden;

Liebe Schwestern und Brüder des Herrn,

dicht am Geschehen zu bleiben, Beziehungen leben, bedeutet besonders für uns

Getaufte nicht den Kontakt zu verlieren,

weder zur Gemeinde noch zu Jesus Christus.

Das ist lebens- und glaubensnotwendig!

Wallfahrten, die Familie, aber auch die Kameradschaft können das notwendige

Beziehungsgeflecht zwischen Gott und Mensch, aber auch untereinander, knüpfen.

Und natürlich nutzen die Wallfahrer vom Klüschen Hagis nach der geistlichen

Stärkung auch die Möglichkeit zur körperlichen Erholung, bei Bratwurst und Bier.

Auf einem Kalenderblatt habe ich gelesen: „Einer von Milliarden bin ich.

Der eine für Milliarden ist er, Christus."

Knüpfen wir unser Beziehungsgeflecht des Glaubens.

Amen.

Printed by Books on Demand GmbH, Norderstedt / Germany